글 세실 쥐글라
편집자이자 작가로, 관찰과 체험을 사랑해 많은 과학책을 만들었습니다. 글을 쓴 책으로
《도구와 기계의 원리》《달걀이 데굴데굴》《물이 뚝뚝뚝》《종이가 싹둑싹둑》 등이 있습니다.

글 자크 기샤르
프랑스 파리의 어린이과학박물관을 설립하고, 파리과학문화센터의 관장을 지냈습니다.
글을 쓴 책으로 《달걀이 데굴데굴》《물이 뚝뚝뚝》《종이가 싹둑싹둑》 등이 있습니다.

그림 디디에 발리세빅, 로랑 시몽, 마리 파뤼, 마리옹 피파레티, 멜리장드 뤼트랭제, 바티스트 암살렘

옮김 권지현
한국외국어대학교 통번역대학원 한불과를 나온 뒤 파리통역번역대학원(ESIT) 번역부 특별과정을 졸업했으며,
동 대학원 박사과정을 졸업했습니다. 지금은 이화여자대학교 통역번역대학원에서 강의를 하고 있습니다.
옮긴 책으로 《1초마다 세계는》《인생을 숫자로 말할 수 있나요?》《아나톨의 작은 냄비》 등이 있습니다.

원리를 배우는
과학 실험 50

초판 1쇄 발행 2021년 4월 12일 | 초판 2쇄 발행 2022년 8월 1일

글 | 세실 쥐글라, 자크 기샤르 그림 | 디디에 발리세빅 외 옮김 | 권지현
기획·편집 | 윤경란, 안정현 디자인 | 나비 마케팅·관리 | 이선경, 손정원 제작 | 김현권, 김병철
펴낸곳 | 미세기 펴낸이 | 박홍균 출판등록 | 1994년 7월 7일 (제21-623호)
주소 | 서울시 강남구 논현로 164 유니북스빌딩 전화 | 02-560-0900 팩스 | 02-560-0901
전자우편 | miseghy1@miseghy.com 홈페이지 | www.miseghy.com 인스타그램 | miseghy_books
값 | 14,000원 ISBN | 978-89-8071-503-9 73400

COPYRIGHT 2018 ÉDITIONS NATHAN, SEJER-PARIS, FRANCE.
ÉDITIONS ORIGINALE : DOKEO JE FAIS DES SCIENCES.
All rights reserved. Korean translation copyright © 2021 by MISEGHY CHILDREN'S PRESS.
Korean translation rights arranged with NATHAN through EYA(Eric Yang Agency).

이 책의 한국어판 저작권은 EYA(ERIC YANG AGENCY)를 통한 NATHAN사와의 독점계약으로 주식회사 미세기가 소유합니다.
저작권법에 의하여 한국 내에서 보호를 받는 저작물이므로 무단전재 및 복제를 금합니다.

| 사진 저작권 |
셔터스톡: 6, 10, 16, 18, 19, 24, 32, 33, 34, 35, 38, 40, 42, 46, 56, 70, 75, 76, 85, 86, 87
유니버스사이언스: 69

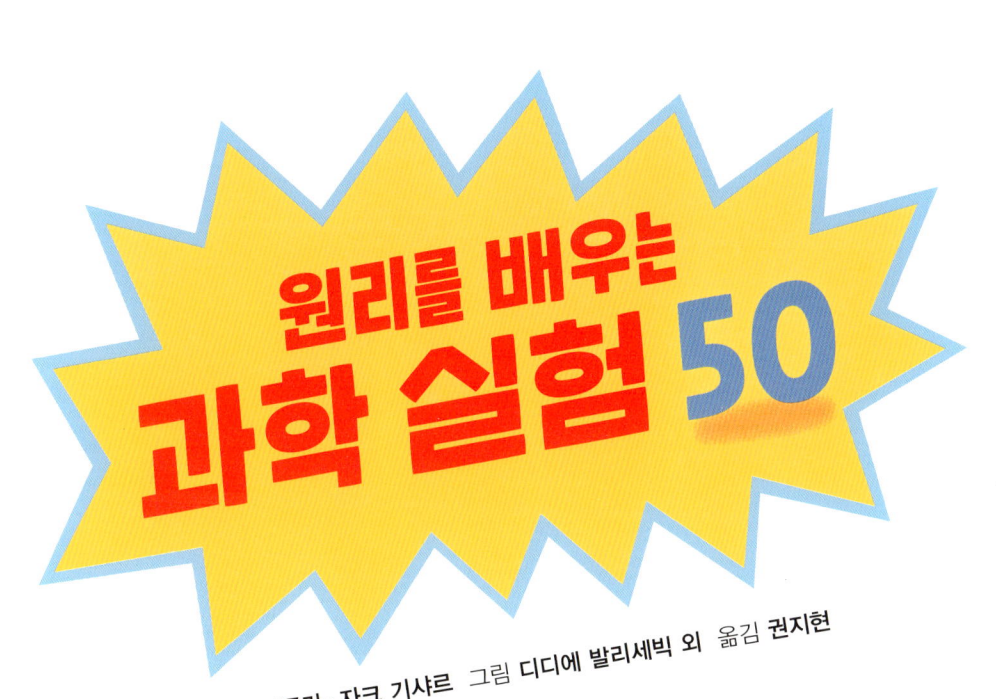

원리를 배우는 과학 실험 50

글 세실 쥐글라·자크 기샤르 그림 디디에 발리세빅 외 옮김 권지현

미세기

차례

물 20

물은 무엇인가요?	22
얼음은 어떻게 만들어요?	24
빗물은 어디로 가나요?	26
무엇이 물과 섞일까요?	28
방수가 되나요? 안 되나요?	30
물방울은 왜 생기나요?	32
물에 뜰까요? 가라앉을까요?	34

공기 4

공기가 있다는 걸 어떻게 알아요?	6
공기에 무게가 있나요?	8
후 하고 불면 촛불은 왜 꺼져요?	10
공기가 물건을 움직일 수 있나요?	12
바람이 뭐예요?	14
열기구는 어떻게 하늘로 올라가요?	16
우리는 무엇으로 하늘을 날까요?	18

하늘과 땅 36

화산이 뭐예요?	38
왜 밤과 낮이 있어요?	40
무지개는 어떻게 생기나요?	42
그림자는 어떻게 만드나요?	44
왜 달은 모양이 변해요?	46
우주에서 어떻게 살 수 있나요?	48

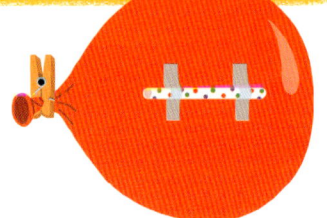

건물 짓기 　50

종이는 단단한가요?	52
무거운 물건은 어떻게 들어 올리나요?	54
하늘까지 높이 솟는 건물을 지을 수 있나요?	56
다리는 왜 무너지지 않아요?	58
어떻게 하면 열을 빼앗기지 않나요?	60
다음 중 가장 튼튼한 건물은 무엇일까요?	62

소리와 이미지 　78

소리란 무엇인가요?	80
소리는 어떻게 퍼지나요?	82
전화기는 어떻게 만들어요?	84
눈은 어떻게 앞을 볼 수 있나요?	86
눈은 우리를 속이나요?	88

전기와 자석의 힘 　64

정전기는 언제 흘러요?	66
정전기로 재미있게 놀 수 있나요?	68
전구에는 어떻게 불이 들어오나요?	70
전류는 언제 흐르나요?	72
전기로 움직이는 것은 무엇인가요?	74
자석은 어떤 물건을 끌어당기나요?	76

꼭 어른과 같이 실험해야 해!

풍선이 팽팽해진 걸 느낄 수 있지요?

풍선을 물에 집어넣고 바늘로 뚫으면 구멍으로 공기 방울이 나와요.
풍선에서 공기가 빠지는 거예요.

물에 빨대를 넣고 불어도 똑같아요.

뚜껑이 없는 플라스틱병을 밟으면 병이 찌그러져요.

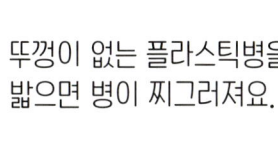
뚜껑이 있는 병
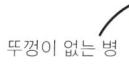
뚜껑이 없는 병

반대로 뚜껑을 닫은 병을 밟으면
병이 찌그러지지 않아요.
병에 담긴 공기 때문이지요.

실험

잠수종을 만들어요!

❶ 유리잔에 휴지를 깊숙이 집어넣어요.

❷ 물이 담긴 큰 그릇에 유리잔을 뒤집어서 넣어요.

❸ 유리잔을 꺼내 봐요. 휴지가 물에 젖지 않았지요?

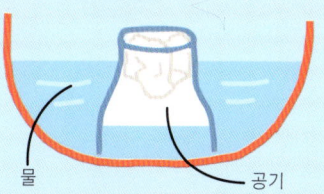

물 　　　 공기

❹ 유리잔 속에 공기가 있어서 물이 올라오는 걸 막아 준 거예요.

공기에 무게가 있나요?

한번 재 볼까?

1. 이 공의 무게는 840그램이에요.

2. 구멍에 송곳을 꽂아서 누르면 공기가 빠져요.

3. 다시 재 보니 무게가 달라졌어요. 공기에도 무게가 있다는 걸 알 수 있어요.

1. 키친타월을 유리잔 위에 올리고 가장자리를 접어요.

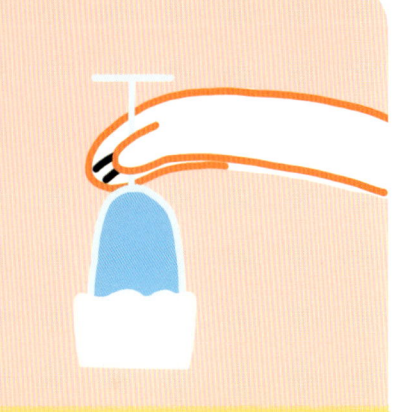

2. 키친타월이 유리잔에 착 달라붙도록 손바닥으로 꾹 눌러요.
3. 유리잔을 재빨리 뒤집어요.
4. 손을 떼요. 놀랍지요? 물이 쏟아지지 않아요!

5. 물이 키친타월을 누르는 힘보다 공기가 밑에서 위로 미는 힘이 더 커요. 그래서 키친타월이 떨어지지 않는 거예요.

퀴즈

공기는 무게로 우리 주변에 있는 모든 것을 눌러요. 그걸 기압이라고 할까요? 아니면 기업이라고 할까요?

후 하고 불면 촛불은 왜 꺼져요?

① 초를 세게 불면 불이 꺼져요. 입에서 나간 바람이 기화된 양초를 없애기 때문이에요.

산소가 없으면 난 죽어!

실험
불을 꺼 봐요!

② 반대로 입김을 호호 약하게 불면 오히려 불이 살아나요. 풀무로 숯불을 살리는 것과 같은 원리예요.

③ 불꽃이 계속 타려면 탈 물질과 발화점 이상의 온도, 산소가 필요해요.

왜 부는데 꺼지지 않는 거야?

❶ 초 3개와 크기가 각각 다른 병 3개를 준비해요.

❷ 어른과 함께 초에 불을 켜요. 그다음에 재빨리 병으로 초를 덮어요.

④ 불을 끌 때 불어서 끄면 안 돼요. 산소가 들어가거든요.

❸ 어떤 초가 가장 빨리 꺼질까요?

⑤ 불에 공기가 닿지 않게 해야 해요. 젖은 천으로 덮으면 돼요.

❹ 가장 작은 병에 있는 초가 가장 빨리 꺼져요. 산소가 가장 적게 들었기 때문이지요.

공기가 물건을 움직일 수 있나요?

물론이지! 돛단배를 만들어서 알아보자.

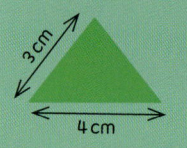
삼각형으로 자른 종이 1개

호두 껍데기 반 개

지점토
빨대 1개
이쑤시개 1개

1. 종이에 이쑤시개를 끼워서 돛을 만들어요. 호두 껍데기 바닥에 지점토를 깔고 돛을 꽂아요.

2. 욕조나 세면대에 물을 채우고 완성한 돛단배를 띄워요.

3. 빨대를 이용해서 돛을 향해 바람을 불어요. 배가 앞으로 움직일 거예요.

이제 로켓 케이블카를 만들자!

풍선 1개
실 5m
빨래집게 1개
5cm로 자른 빨대 1개
스카치테이프

1. 풍선을 불고 입구를 빨래집게로 막아요.

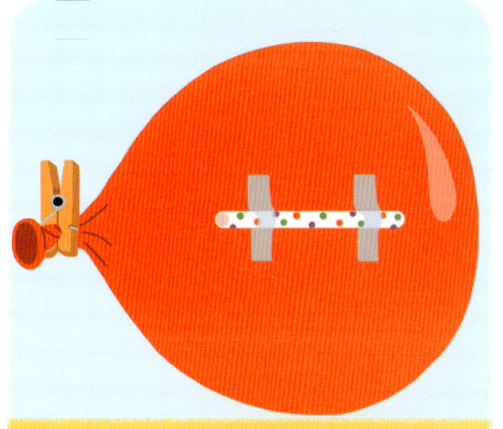

2. 풍선 옆면에 스카치테이프로 빨대를 붙여요.

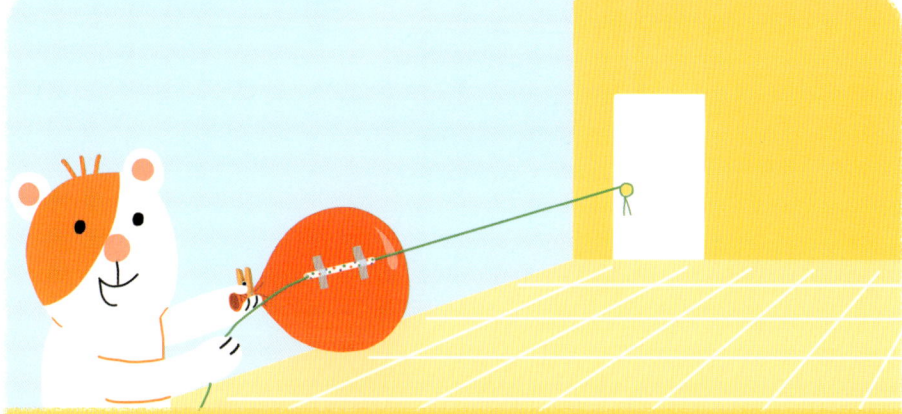

3. 문고리에 실 한쪽을 묶고 나머지 한쪽은 빨대 안에 넣어요. 그리고 실을 팽팽하게 당겨요.

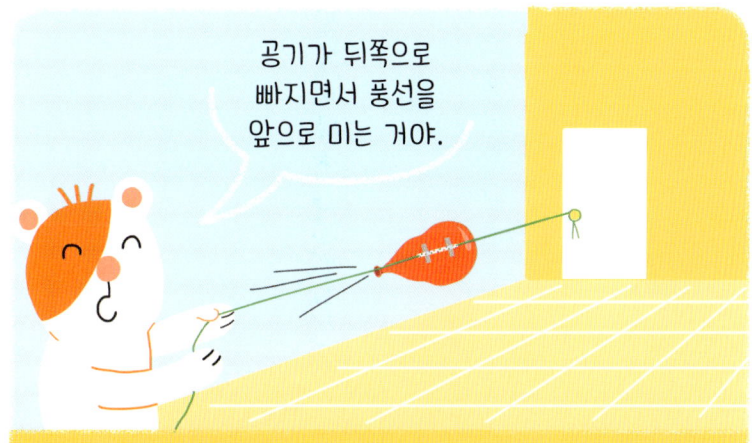

공기가 뒤쪽으로 빠지면서 풍선을 앞으로 미는 거야.

4. 빨래집게를 빼요. 퓽! 풍선에서 바람이 빠지면서 날아갈 거예요.

알고 있나요?

제트기는 우리가 만든 로켓 케이블카와 같은 원리로 날아가요. 공기는 추진기 앞쪽으로 들어간 다음 뒤쪽으로 빠르게 분사돼요. 그러면 제트기는 앞으로 움직이게 되지요.

실험
바람개비를 만들어요!

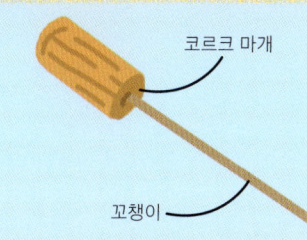

❶ 꼬챙이에 코르크 마개를 끼워요.

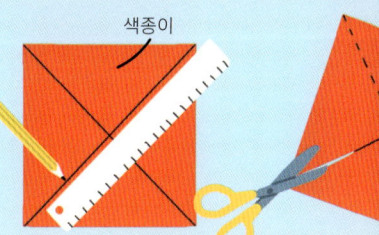

❷ 네모난 색종이를 준비해요. 그림처럼 선을 긋고 그 선의 2/3까지만 잘라요.

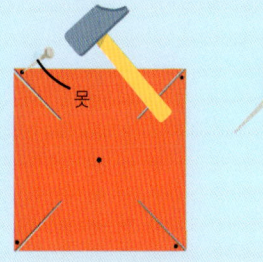

❸ 중앙과 네 귀퉁이에 구멍을 뚫고 못에 구슬을 꿰어요.

❹ 네 귀퉁이를 접고 가운데에 못을 박아요. 그런 다음 다른 구슬을 못 끝에 꿰어 코르크 마개에 박아요. 위험하니 어른에게 부탁해요.

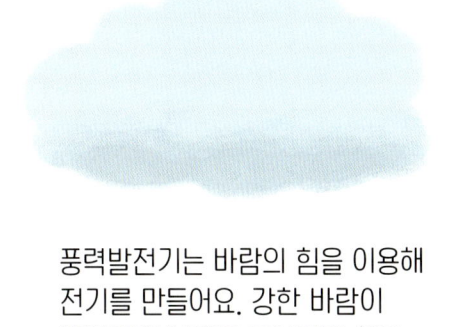

풍력발전기는 바람의 힘을 이용해 전기를 만들어요. 강한 바람이 발전기의 날개를 돌아가게 해요.

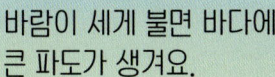

바람이 세게 불면 바다에 큰 파도가 생겨요.

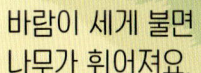

바람이 세게 불면 나무가 휘어져요.

바람이 불면 모래 위에서 타는 요트나 돛단배의 돛이 부풀어요. 바람이 돛을 밀어서 앞으로 나아가게 해요.

열기구는 어떻게 하늘로 올라가요?

기구 속 공기를 데우면 돼!

① 버너에 불을 붙이면 기구 안의 공기가 데워져요.

④ 뜨거워진 공기 분자들은 많이 움직이면서 서로 거리가 멀어지거든요.

③ 기구가 점점 더 부풀어요. 공기가 팽창하면서 기구를 부풀리는 거예요.

실험

공기를 데워서 풍선을 불어요!

차가운 공기

뜨거운 공기

② 기구 안의 뜨거운 공기는 바깥의 차가운 공기보다 가벼워요. 그래서 기구가 떠올라요.

❶ 빈 병의 입구에 풍선을 씌워요.

❷ 큰 그릇에 따뜻한 물을 붓고 그 안에 병을 넣어요. 병의 공기가 팽창하면 풍선이 살짝 부풀 거예요.

우리는 무엇으로 하늘을 날까요?

글라이더는 엔진이 없는 작은 비행기예요.

초경량 항공기는 엔진이 달린 아주 가벼운 비행기예요. 프로펠러는 비행기의 앞이나 뒤에 달려 있어요.

패러글라이더는 공기나 바람으로 하늘을 나는 직사각형 낙하산이에요.

헬리콥터는 회전 날개가 돌면서 위로 올라가거나 앞으로 날아갈 수 있어요. 공중에 가만히 떠 있을 수도 있고요.

초음속기는 공기 중에 소리가 이동하는 속도보다 더 빨리 날아요. 그래서 날 때 아주 큰 소리가 나요.

아주 강한 엔진이 달린 **여객기**는 많은 승객을 실어 날라요.

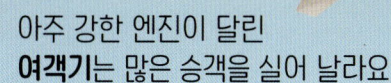

경비행기는 최초의 비행기와 많이 닮았어요. 날개와 프로펠러의 회전력으로 날 수 있지요.

로켓은 우주에 갈 수 있을 정도로 아주 강력한 엔진을 달고 있어요.

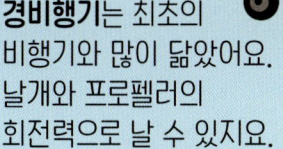

행글라이더는 엔진이 없어요. 글라이더처럼 따뜻한 공기의 흐름을 이용해서 활공해요.

여기서 엔진이 없는 걸 골라 봐!

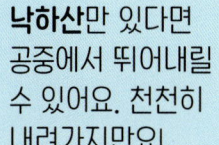

낙하산만 있다면 공중에서 뛰어내릴 수 있어요. 천천히 내려가지만요!

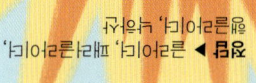

정답 ▶ 행글라이더, 낙하산, 헬리콥터.

실험

종이 헬리콥터를 만들어요!

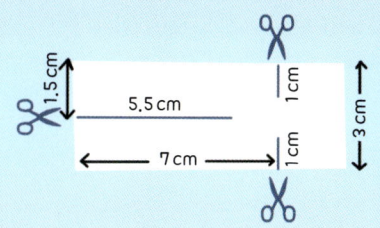

❶ 가로 10센티미터, 세로 3센티미터 길이의 종이를 준비해요. 위의 그림처럼 선을 그은 다음에 가위로 잘라요.

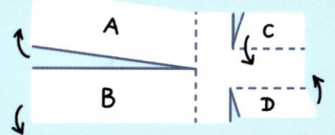

❷ A를 접고, B를 반대 방향으로 접어서 회전 날개를 만들어요. C와 D는 겹쳐지게 접어요.

❸ 헬리콥터의 무게 중심을 잡기 위해 아래에 클립을 끼워요.

❹ 이제 종이 헬리콥터가 완성됐어요. 계단이나 창가에서 띄워 봐요. 회전 날개가 빙글빙글 돌지요?

물

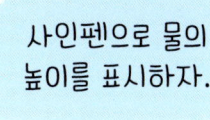
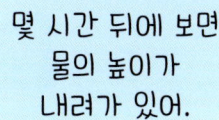

사인펜으로 물의 높이를 표시하자.

몇 시간 뒤에 보면 물의 높이가 내려가 있어.

물은 열에 의해 수증기로 변해요. **기체**인 수증기는 공기 중으로 날아가요. 이러한 변화를 **기화**라고 해요.

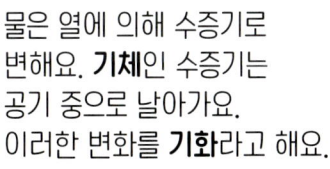

차가운 거울에 입김을 불어 볼까? 그러면 하얀 김이 서려.

입김이 차가운 공기를 만나면 물방울로 변해요. 이 과정을 **응결**이라고 해요.

퀴즈

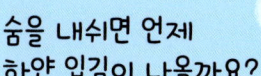

숨을 내쉬면 언제 하얀 입김이 나올까요?

① 몹시 더울 때
② 아주 추울 때
③ 비가 올 때

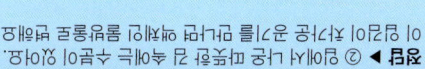

정답 ▶ ② 입에서 나온 수증기가 찬 공기를 만나면 작은 물방울이 돼요. 이 물방울이 하얗게 보이는 거예요.

얼음은 어떻게 만들어요?

앗, 추워!

1. 온도가 영하로 내려가는 냉동실에 물을 넣어 두면 얼어요.

물과 낮은 온도가 필요해!

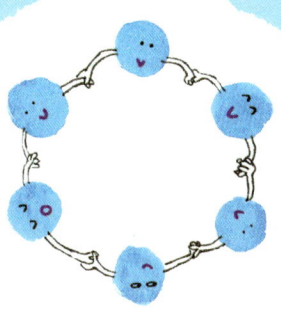

2 물 분자인 H_2O가 서로 끌어당기면서 단단해져요.

3 소금물은 0도보다 훨씬 낮은 온도가 되어야 얼어요.

4 얼음은 물보다 가벼워요. 물에 넣으면 둥둥 떠요.

5 담수가 얼어서 만들어진 거대한 빙산은 바다를 떠다녀요.

6 얼음은 액체인 물보다 부피가 커요. 그래서 물이 가득 찬 플라스틱병을 얼리면 병이 부풀어요.

퀴즈

30분 뒤에 얼음이 다 녹을 거예요. 그러면 물이 넘칠까요?

정답 ▶ 그렇지 않아요. 얼음이 녹아서 물이 되면 부피가 줄어 들기 때문에 얼음이 차지하고 있던 공간만큼 물이 차오르는 것이랍니다.

6 구름이 비나 우박, 눈이 되어 땅으로 떨어져요.

비 액체로 된 물방울

우박 작은 얼음 알갱이

5 공기 속 수증기가 응결되어 구름이 돼요.

구름 아주 작은 물방울이나 얼음 알갱이가 모인 덩어리

강

시내

4 바다와 하천의 물이 태양열을 받아 데워질 때나 식물이 호흡할 때, 물이 수증기가 되어 공중으로 떠올라요.

실험
인공 비를 만들어요!

❶ 어른에게 끓는 물을 투명한 그릇에 부어 달라고 부탁해요. 물에서 김이 날 거예요. 물이 수증기가 된 거예요.

❷ 그릇을 랩으로 덮고, 그 위에 얼음 몇 개를 얹어요. 그러면 랩이 차가워질 거예요.

❸ 수증기가 차가운 랩과 만나면 응결돼요. 랩의 밑부분에 물방울이 맺히기 시작하지요.

❹ 그러다가 물방울이 커지면 아래로 떨어져요. 그게 바로 비예요.

무엇이 물과 섞일까요?

1. 물에 설탕을 넣어요.

2. 물과 설탕을 섞어요. 그러면 설탕이 사라져요.

3. 설탕이 아예 없어진 건 아니에요. 물에서 단맛이 나니까요. 이처럼 혼합된 액체를 **용액**이라고 해요.

4. 이번에는 물에 모래를 넣고 숟가락으로 저어요.

5. 모래알이 흩어지는 걸 볼 수 있지만, 설탕처럼 사라지지는 않아요.

6. 모래는 금세 바닥에 쌓여요. 이 현상을 **침전**이라고 해요.

7. 이번에는 기름을 천천히 붓고 숟가락으로 저어요.

8. 기름이 작은 방울로 변했어요. 그래도 설탕처럼 사라지지는 않아요.

9. 시간이 지나면 가벼운 기름이 물 위로 떠올라요.

실험 3층 칵테일을 만들어요!

❶ 딸기 시럽을 유리잔에 부어요.

❷ 그런 다음에 잔을 기울여 오렌지 주스를 조심스럽게 부어요.

❸ 마지막으로 파란색 식용 색소를 탄 물을 넣어요. 이번에도 잔을 기울여요.

설명 ▶ 무게가 무거울수록 밑으로 가라앉아요.

방수가 되나요? 안 되나요?

스웨터가 다 젖었어. 네 비옷은 하나도 안 젖었는데.

물이 스며들지 않게 하는 걸 **방수**라고 해요.

물이 스며드는 걸 **투수**라고 해요.

식빵은 물을 빨아들여요.

스펀지도 물을 빨아들여요.

물을 많이 먹은 스펀지는 더 이상 물을 흡수할 수 없어요. 짜서 물기를 없애 줘야 해요.

바닷가 모래는 물을 다 빨아들여요.

그러다가 물이 너무 많으면 모래 위로 웅덩이가 생겨요.

진흙은 방수성을 가졌어요. 물이 땅으로 스며들지 못해서 물웅덩이가 생겨요.

흙은 물을 빨아들여요. 토마토 뿌리도 살아가는 데 필요한 물을 빨아들여요.

한번 해 볼까요?

아래의 물건들은 물을 빨아들일까요? 시험해 봐요.

① 분필

② 솜

③ 석탄

④ 설탕

⑤ 지점토

⑥ 털실

정답 ▶ ②, ④, ⑥ 은 물을 빨아들이고, ①, ③, ⑤ 는 물을 빨아들이지 않아요.

물방울은 왜 생기나요?

히히, 그건 내가 H_2O라는 분자로 만들어졌기 때문이지.

그럼 자세히 살펴볼까?

암호처럼 생겼지만, H_2O는 물 분자를 나타내는 기호예요.

돋보기로 관찰한 물방울

이것은 현미경으로 들여다본 물 분자예요.

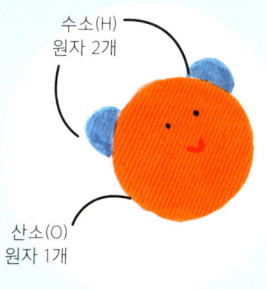

수소(H) 원자 2개
산소(O) 원자 1개

물방울 속 물 분자들은 서로를 잡아당겨요.

가장자리로 갈수록 잡아당기는 힘이 더 세져서 탄력 있는 막이 생겨요.

물의 막

마법의 후추

1. 접시에 물을 붓고 후추를 뿌려요. 후추가 물의 막 위에 떠요.

2. 손가락에 주방 세제를 묻혀서 물에 담가요.

3. 후추가 사방으로 흩어져요. 세제가 물의 막을 깨트려서 후추가 뒤로 밀려난 거예요.

물에 띄운 클립

키친타월 조각

1. 키친타월 위에 클립을 얹고 물 위에 조심스럽게 놓아요.

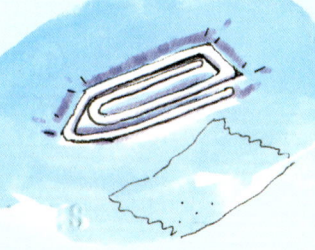

2. 물의 막 위에 둘 다 떠요. 키친타월은 오래 물을 먹으면 가라앉아요.

알고 있나요?

소금쟁이는 털이 북슬북슬 난 다리로 물의 막을 부수지 않고 미끄러지듯 이동해요.

물에 뜰까요? 가라앉을까요?

물 위에 물건을 하나씩 놓아 봐. 어떤 일이 벌어질까?

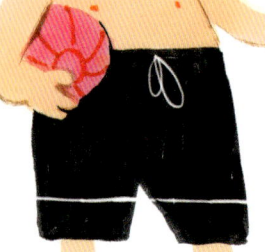
① 코르크 마개

② 스테인리스 숟가락

③ 플라스틱 빨래집게

④ 나무 빨래집게

가벼운 소재(코르크, 나무 등)는 물 위에 뜨고, 무거운 소재(스테인리스, 금속, 플라스틱 등)는 가라앉아요.

⑤ 금속 열쇠

⑥ 성냥개비

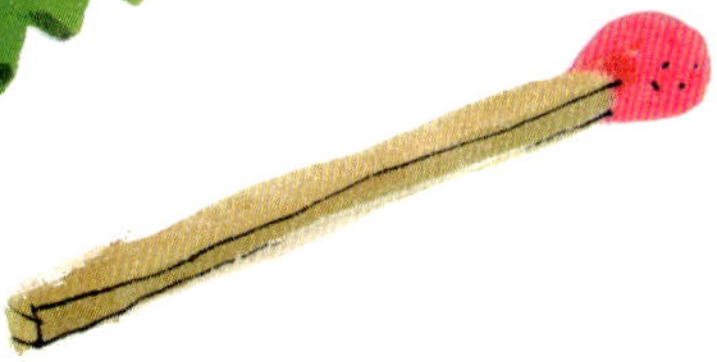

⑧ 지점토로 만든 공

⑨ 지점토로 만든 배

⑦ 깃털

물건의 모양도 물에 뜨고 가라앉는 데 영향을 줘요.

병에 든 공기 덕분에 쉽게 물 위에 뜰 수 있어요.

⑩ 빈 플라스틱병

⑪ 물을 가득 채운 플라스틱병

◀ 정답: ①, ④, ⑥, ⑦, ⑨, ⑩은 뜨고,
②, ③, ⑤, ⑧, ⑪은 가라앉아요.

실험

건포도를 춤추게 해요!

❶ 건포도를 탄산수에 넣어요. 그러면 건포도가 이리저리 움직여요. 왜 그럴까요?

오, 빨리 올라오네!

❷ 공기 방울이 건포도 표면에 달라붙어서 건포도가 더 가벼워져요. 그래서 떠오르는 거예요.

신기하다!

❸ 위로 올라가면 공기 방울이 터져요. 공기 방울이 사라진 건포도는 다시 무거워져서 가라앉아요.

공기
공기로 물을 빼면
잠수함이 떠올라요.

❹ 잠수함도 건포도와 같은 원리로 움직여요. 잠수함에 공기를 채워 떠오르지요.

하늘과 땅

화산이 뭐예요?

불을 뿜는 산이지.

진짜 불을 뿜어? 빨리 알아보자!

③ 분화구에서 쏟아져 나오는 마그마를 **용암**이라고 해요.

분화구

용암류

④ 용암이 식고 재가 쌓여서 화산이 높이 솟았어요.

② 가스의 압력을 받은 마그마가 땅에 균열을 일으키며 솟아올라요. 그게 바로 화산 폭발이에요.

마그마 굄

① **마그마**는 지하 수 킬로미터 깊이에 쌓여요. 녹은 암석과 지구 내부에서 생긴 가스가 섞여 있어요.

실험
인공 화산을 폭발시켜요!

❶ 작은 플라스틱병에 식초를 3/4까지 부어요.

❷ 여기에 붉은 식용 색소를 섞어요. 그런 다음 병 주위에 모래를 쌓아 화산을 만들어요.

❸ 병에 베이킹 소다 1스푼을 넣으면 식초와 반응을 일으켜요.

❹ 이산화탄소가 생기면서 식초가 넘쳐흘러요.

왜 밤과 낮이 있어요?

저녁에 해가 수평선으로 넘어가는 것 같지요? 사실 해는 움직이지 않아요.

그건 빛을 내뿜는 태양 때문이야.

2 지구는 24시간 동안 한 바퀴를 돌아요. 그걸 지구의 자전이라고 해요.

3 태양과 마주 보는 쪽만 태양 빛을 받아요. 그게 낮이에요. 반대편은 깜깜한 밤이고요.

4 밤에 깨어 있다면 맨눈으로 약 6,000개의 별을 볼 수 있어요. 잘 안 보이더라도 하늘에 별은 수없이 많아요.

5 낮에도 별은 사라지지 않아요. 햇빛이 워낙 강해서 안 보일 뿐이에요.

실험

낮과 밤을 만들어요!

탁구공에 스티커를 붙여요. 그리고 방에 불을 끄고, 공에 불빛을 비추어요. 그다음 공을 제자리에서 돌려 봐요. 그러면 스티커는 낮에서 밤으로, 다시 밤에서 낮으로 이동할 거예요.

무지개를 보려면?

태양이 비스듬히 떠 있고 공기 중에 물방울이 있어야 해요. 그리고 우리가 태양을 등지고 있어야 해요.

무지개는 눈에는 보이지만 손으로 만질 수 없어요. 우리가 다가갈수록 무지개는 멀어져요.

일곱 가지 무지개색

햇빛은 흰색으로 보여요. 하지만 원래 다양한 색으로 이루어져 있어요.

물방울이 그 색을 나누어 줘요. 이걸 빛의 분산이라고 해요.

과학자 뉴턴은 무지개를 빨강, 주황, 노랑, 초록, 파랑, 남색, 보라, 이렇게 7개의 색으로 나누었어요.

비눗방울, 기름 얼룩 또는 시디 표면에서도 무지개색이 나타나요.

실험

무지개를 만들어요!

❶ 해를 등지고 서서 앞에 있는 어두운 곳을 향해 물을 뿌려요.

❷ 무지개가 잘 보이는 각도로 조금씩 움직여요.

❸ 작은 물방울을 뿌리는 살수기로도 무지개를 만들 수 있어요.

❹ 프리즘으로도 무지개를 볼 수 있어요.

그림자는 어떻게 만드나요?

1. 벽을 향해 스탠드를 켜고 그 사이에 서요. 벽에 그림자가 나타날 거예요.

2. 몸이 빛을 막아섰기 때문에 검은 그림자가 생겨요.

3. 빛이 잔을 통과하면서 색깔이 있는 그림자가 생겼어요.

4. 양쪽에서 빛을 비추면 그림자가 2개 나타나요.

5. 빛 가까이 갈수록 그림자가 옆으로 커져요.

6. 빛에서 멀어질수록 그림자가 길어져요.

7. 그림자와 떨어지는 방법은 하나밖에 없어요. 공중으로 뛰는 것이지요.

8. 깜깜한 밤에 전등을 꺼 봐요. 빛이 사라지니까 그림자도 없어져요.

한번 해 볼까요?

손가락과 손전등으로 그림자놀이를 할 수 있어요.

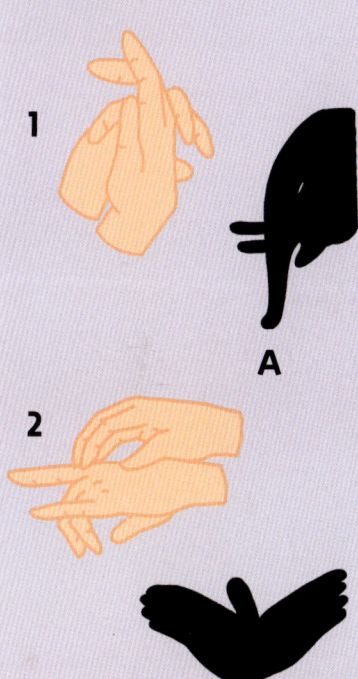

손가락 모양에 맞는 그림자를 연결해 보세요.

정답 ▶ 1—C, 2—A, 3—B

왜 달은 모양이 변해요?

달은 27.3일마다 지구를 한 바퀴씩 돌아요. 우리는 항상 달의 같은 표면만 볼 수 있어요.

지금 나는 초승달이야. 조금만 기다리면 동그란 보름달이 되지.

② 우리가 달을 볼 수 있는 건 달이 햇빛을 반사하기 때문이에요.

③ 해와 지구를 기준으로 달이 어느 위치에 있느냐에 따라서 보이는 달의 모양이 달라져요. 달의 표면이 완전히 다 보일 때도 있고, 아예 안 보일 때도 있어요. 이러한 변화를 달의 위상이라고 해요.

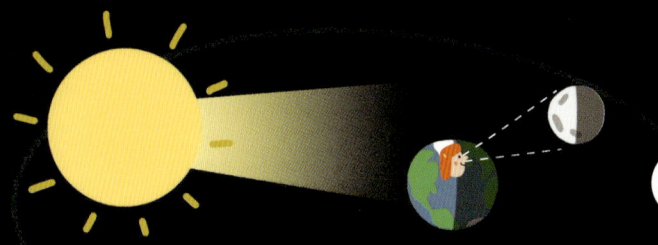

④ 달이 동그랗게 다 보이면 보름달이라고 해요.

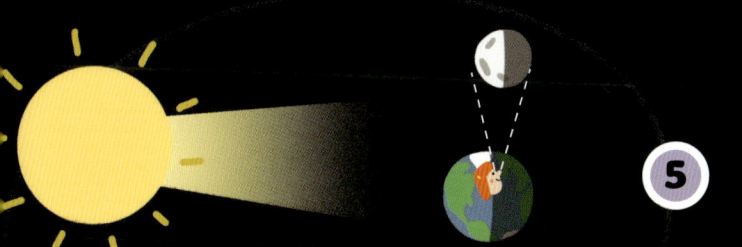

⑤ 달의 반쪽이 어둡게 보이면 반달이에요.

실험

달의 위상을 만들어요!

어두운 방에서 스탠드를 켜요. 스탠드 앞에서 공을 든 손을 뻗은 채로 한 바퀴 돌아요.

내가 만든 달의 여러 모양을 볼 수 있어.

우주에서 어떻게 살 수 있나요?

산소를 보내 주는 우주복을 입어요.

우주선에는 침대가 없어요. 침낭을 벽에 걸고 자야 해요. 위와 아래의 구분도 없어요.

물을 잔에 따라 마실 수 없어요. 물방울로 변해 둥둥 떠다니기 때문이에요.

건물 짓기

종이는 단단한가요?

내 눈엔 약해 보이는걸.

1. 두꺼운 책 2권을 한 장 한 장 서로 겹쳐 놓아요.

2. 책을 양쪽에서 잡고 잡아당겨요.
마찰력 때문에 종이들이 떨어지지 않아요.

더 센 걸 만들어 볼까?

종이 4장
스카치 테이프
책 여러 권

1. 종이 한 장을 돌돌 말아서 스카치테이프를 붙여요.

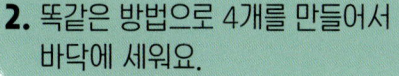

2. 똑같은 방법으로 4개를 만들어서 바닥에 세워요.

3. 그 위에 책을 얹어요.

4. 여러 권을 계속 쌓아요.

놀라운걸? 종이 기둥이 저렇게 많은 책을 받칠 수 있다니!

알고 있나요?

판지는 두껍고 질긴 종이예요. 판지를 말면 편 것보다 단단해지지요.

말린 가장자리

그래서 종이컵의 가장자리가 말려 있는 거예요. 단단하라고요.

더 단단한 걸 만들어 볼까요? 두꺼운 판지 2장 사이에 물결 모양의 판지를 붙여요. 그렇게 만든 게 골판지예요.

골판지로는 튼튼한 의자도 만들 수 있어요.

쳇바퀴처럼 생긴 **기중기**에 사람이 들어가서 걸어요. 그러면 연결된 밧줄이 감겨 무거운 돌을 들어 올릴 수 있어요.

이 돌을 그냥 들어 올리려면 10명이 필요해요. 하지만 **권양기**가 있으면 1명만으로도 충분해요.

모르타르를 넣은 지게를 메고 비계에 올라가요.

모르타르는 쌓은 돌들이 잘 달라붙게 해요.

실험

지렛대를 만들어요!

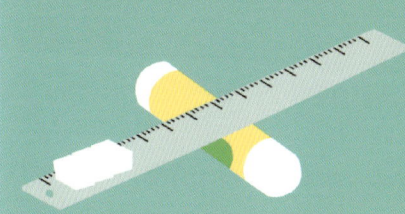

❶ 딱풀 위에 자를 위의 그림처럼 놓아요. 자 한쪽 끝에 지우개 3개를 얹어요.

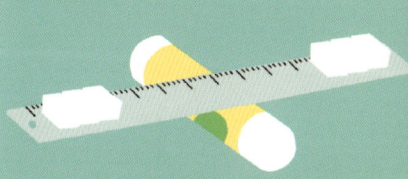

❷ 반대편 끝에도 지우개 3개를 놓아요. 그러면 맞은편 지우개 3개가 들어 올려져요.

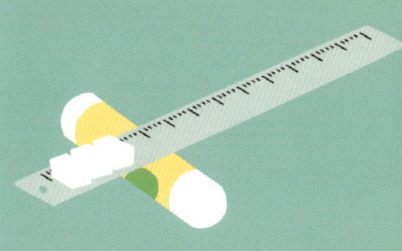

❸ 위의 그림처럼 자를 놓고 한쪽 끝에 지우개 3개를 얹어요.

❹ 반대편 끝에 지우개 1개를 놓아요. 그러면 지우개 3개가 들어 올려져요.

튼튼한 기초

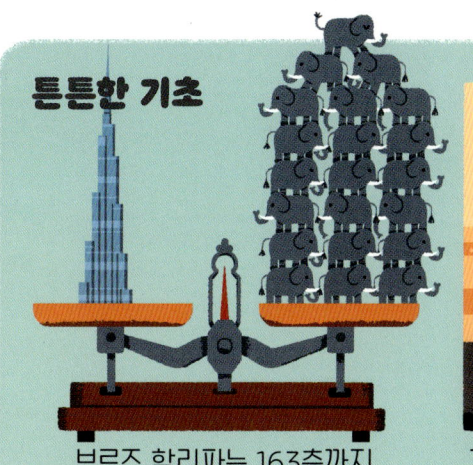

부르즈 할리파는 163층까지 있어요. 코끼리 10만 마리의 무게를 합친 것만큼 무거워요.

그 무게를 견딜 수 있도록 건물 밑으로 땅을 아주 깊게 팠어요. 그리고 거기에 튼튼한 철근을 많이 박았어요.

그 위에는 시멘트를 깔았어요. 이게 건물을 지지하는 기초예요.

아래에서 위로 좁아져요!

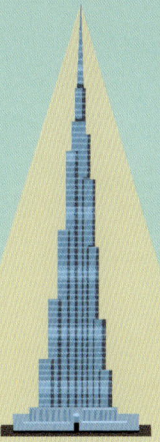

부르즈 할리파는 위로 갈수록 뾰족해지는 모양이에요.

그건 당연해요. 무게를 견딜 수 있도록 아랫부분이 튼튼해야 하니까요. 인간 피라미드를 보면 알 수 있지요!

널빤지로도 높은 탑을 쌓을 수 있어요!

전문가가 사용한 기술을 알아볼까요?

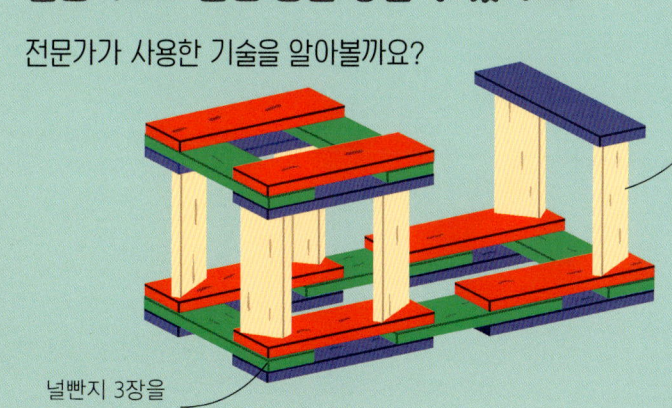

그다음에 널빤지 1장을 세로로 비스듬히 쌓아요.

널빤지 3장을 가로로 쌓아요.

알고 있나요?

세계에서 가장 높은 널빤지 탑은 18미터예요. 6층짜리 건물만큼 높아요. 이 탑을 만드는 데 널빤지가 1만 개나 필요했어요.

다리는 왜 무너지지 않아요?

다리의 **바닥판**을 다릿기둥과 케이블이 지탱해 주어서예요. 이 바닥판의 길이는 2킬로미터가 넘어요.

다릿기둥(교각)은 바닥판의 무게를 지탱해요. 세계에서 가장 높은 다릿기둥은 245미터예요.

다리받침(교대)은 다리 양쪽 끝에서 다리의 바닥판을 떠받쳐요.

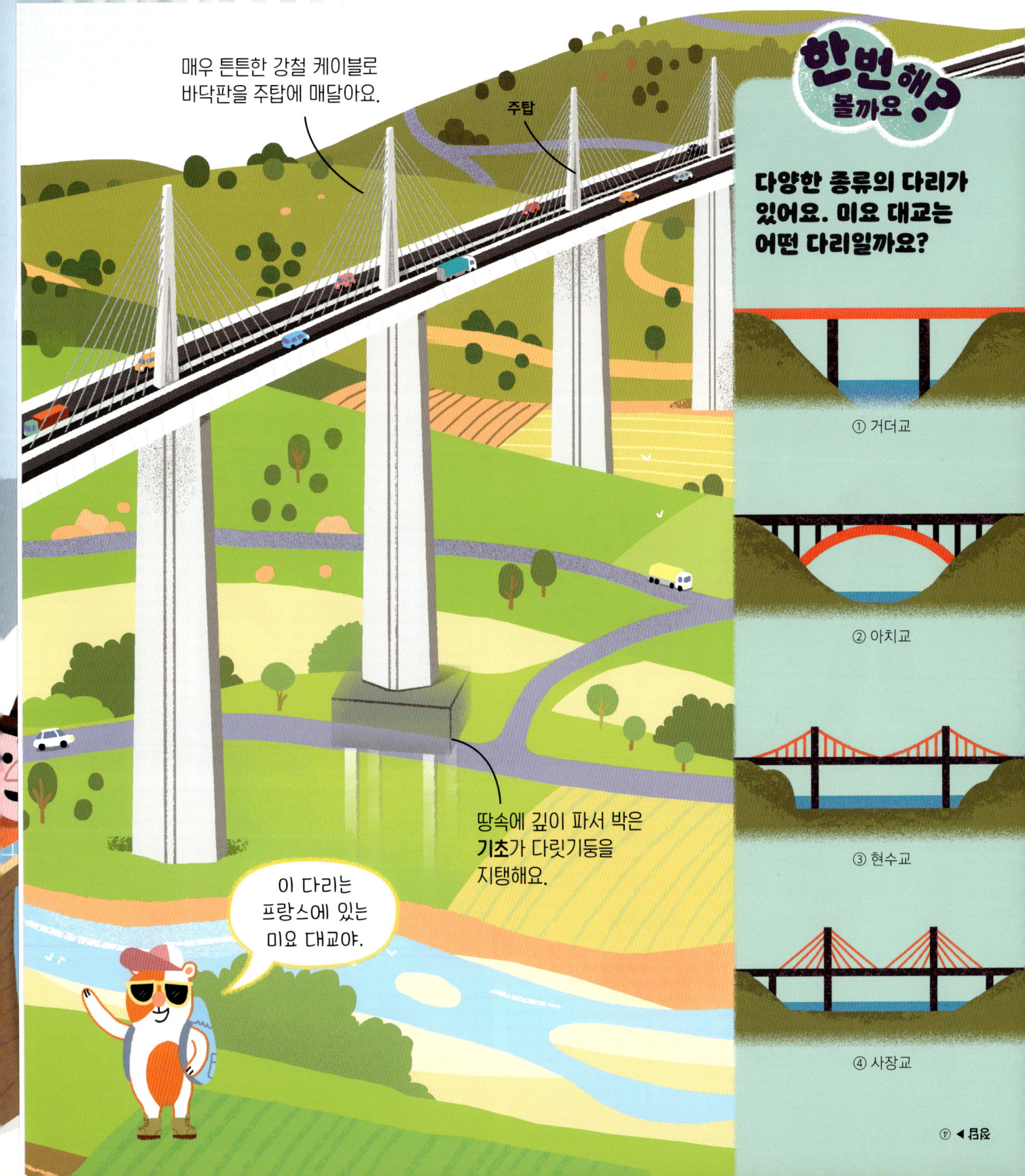

전기와 자석의 힘

정전기는 언제 흘러요?

서로 몸이 닿았을 때!

누군가를 만지면 찌릿 전기가 흐를 때가 있어요. 그게 정전기예요.

카펫 위에서 양말을 신고 걸으면 정전기가 생겨요.

합성 섬유, 양모, 고양이 털도 정전기를 일으켜요.

스타킹을 신으면 정전기가 일어나서 치마가 뒤엉켜요.

어두운 곳에서는 정전기가 일어날 때 작은 섬광이 보여요. 지지직 소리가 날 때도 있어요.

정전기가 일어나려면 날이 건조해야 해요. 습하면 정전기가 공기 중으로 빠져나가요.

알고 있나요?

❶ 카펫의 가장 작은 구성 요소인 원자는 원자핵과 주위를 도는 전자들로 이루어져 있어요.

❷ 양말로 카펫을 문지르면 카펫의 전자가 양말로 옮겨 가요.

❸ 그러면 양말을 신은 몸 표면에 전자가 너무 많아져요.

❹ 그때 누군가와 닿으면 전자가 상대방의 몸으로 빠져나가요. 그게 정전기예요.

정전기로 재미있게 놀 수 있나요?

하하!

플라스틱 자

빈 캔

풍선

스웨터

1. 플라스틱 자를 스웨터에 대고 문질러요. 그러면 자에 정전기가 생겨요.

2. 자를 캔에 가까이 대 봐요. 캔이 자 쪽으로 가까이 올 거예요.

3. 자와 캔이 서로를 당기기 때문이에요. 둘이 다른 전하를 가져서 그래요.

4. 이번에는 풍선을 스웨터에 대고 문질러요. 그러면 풍선에 정전기가 생겨요.

5. 풍선을 천장으로 천천히 던져요. 풍선이 마법처럼 천장에 붙을 거예요.

6. 다른 풍선을 스웨터에 대고 문지른 다음 머리카락에 대 봐요. 머리카락 서는 게 보이나요?

7. 풍선에서 정전기가 빠져나가면 머리카락이 가라앉아요.

8. 천장에 있던 풍선도 떨어지고요.

파리에 있는 과학박물관에는 정전기를 만드는 기계가 있어요. 기계를 만지면 머리카락이 쭈뼛 서요. 놀랍지요?

과일 전지를 만들어 볼까?

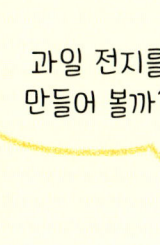

레몬 1개
스테이플러 침
집게 달린 전선 3개
10원짜리 동전 2개
LED 꼬마 전구 1개

1. 어른에게 부탁해서 레몬을 반으로 잘라요.

2. 스테이플러 침은 사용한 것과 안 한 것 중 어떤 것도 괜찮아요.

3. 스테이플러 침과 동전을 레몬 반쪽에 꽂아요. 다른 쪽에도 똑같이 꽂아요.

4. 전선을 그림과 같이 연결해요.

5. 전선을 전구에 연결하면 불이 켜져요!

무슨 일이 일어난 걸까?

전자   이온

스테이플러 침은 아연으로, 10원짜리 동전은 구리로 만들어졌어요. 레몬즙 때문에 아연에서 구리로 전자가 옮겨 가요. 전선을 타고 전자가 움직이는 게 바로 전류예요.

알고 있나요?

1800년에 알레산드로 볼타가 최초의 전지를 만들었어요. 그 전지는 구리판과 아연판 사이에 소금물로 적신 헝겊을 끼운 형태였대요.

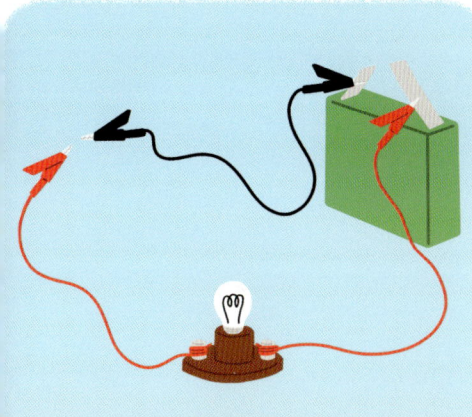

1. 집게가 떨어지면 전구가 꺼져요.

2. 집게 사이에 못을 넣어 봐요. 그래도 전구가 켜져요.

3. 연필심이나 샤프심을 연결해 봐요. 이번에도 전구가 켜져요.

금속과 연필심은 전기가 통하는 전도체야.

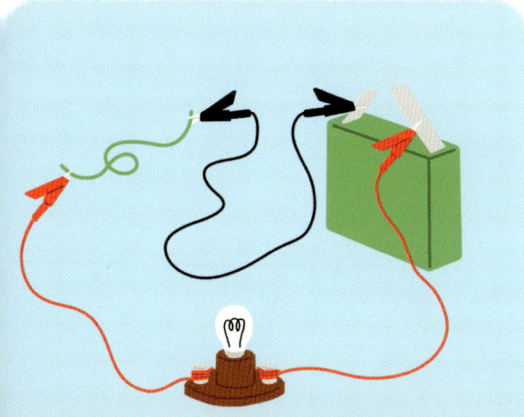

4. 플라스틱 자나 털실을 연결하면 전구는 켜지지 않아요.

플라스틱과 털실은 전기가 통하지 않는 절연체야.

절연체 :
플라스틱
나무
종이
헝겊 등

전기가 통하지 않는 물건을 고르세요.

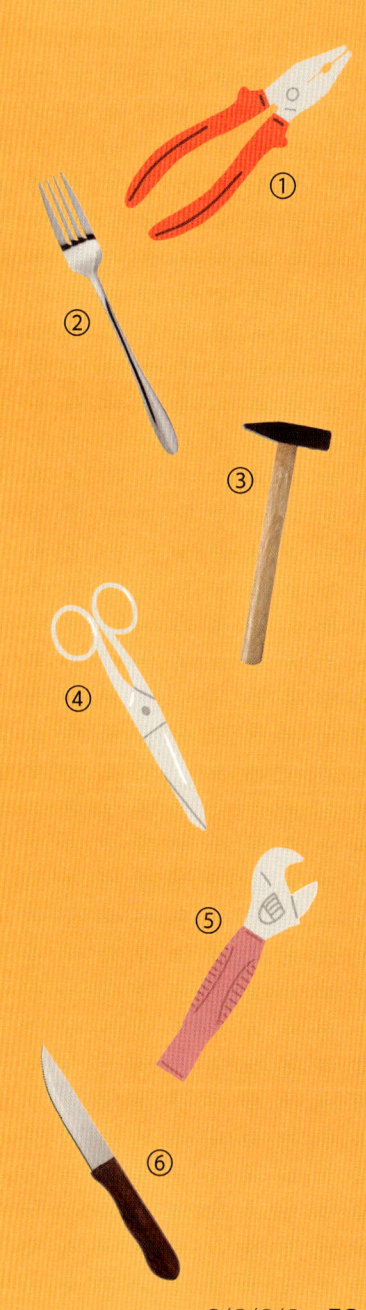

정답 ▶ ①, ③, ⑤, ⑥

자석은 어떤 물건을 끌어당기나요?

끌어당기는 힘, 인력

자석은 철, 니켈, 코발트 등을 끌어당겨요.

어떤 외국 동전은 자석에 붙어요. 우리나라 동전은 안 붙어요.

손가락 사이에 자석을 감추고 외국 동전으로 사슬을 만들어요. 클립으로도 돼요.

밀고 당기는 자석

자석에는 S극(남극)과 N극(북극)이 있어.

자석의 S극을 다른 자석의 N극에 대 보아요. 자석끼리 서로 끌어당겨요.

자석의 S극끼리 가까이 대 보아요. 자석을 세게 잡아도 강하게 밀어 내요.

자석을 아예 놔 보아요. 자석 하나가 다른 자석에 붙으려고 반 바퀴를 돌 거예요. S극과 N극이 만나게 돼요.

나침반을 만들어요!

알고 있나요?

방향에 맞게 바늘을 자석 위에 올려 두거나, 바늘 끝에 N극을 문질러요.

바늘을 물 위에 띄워요. 바늘 끝이 북쪽을 가리키지요. 나침반과 비교해 봐요.

항상 N극은 북쪽을, S극은 남쪽을 가리키는 자석의 특성을 이용해서 나침반을 만들었어요. 나침반의 바늘이 자석이에요.

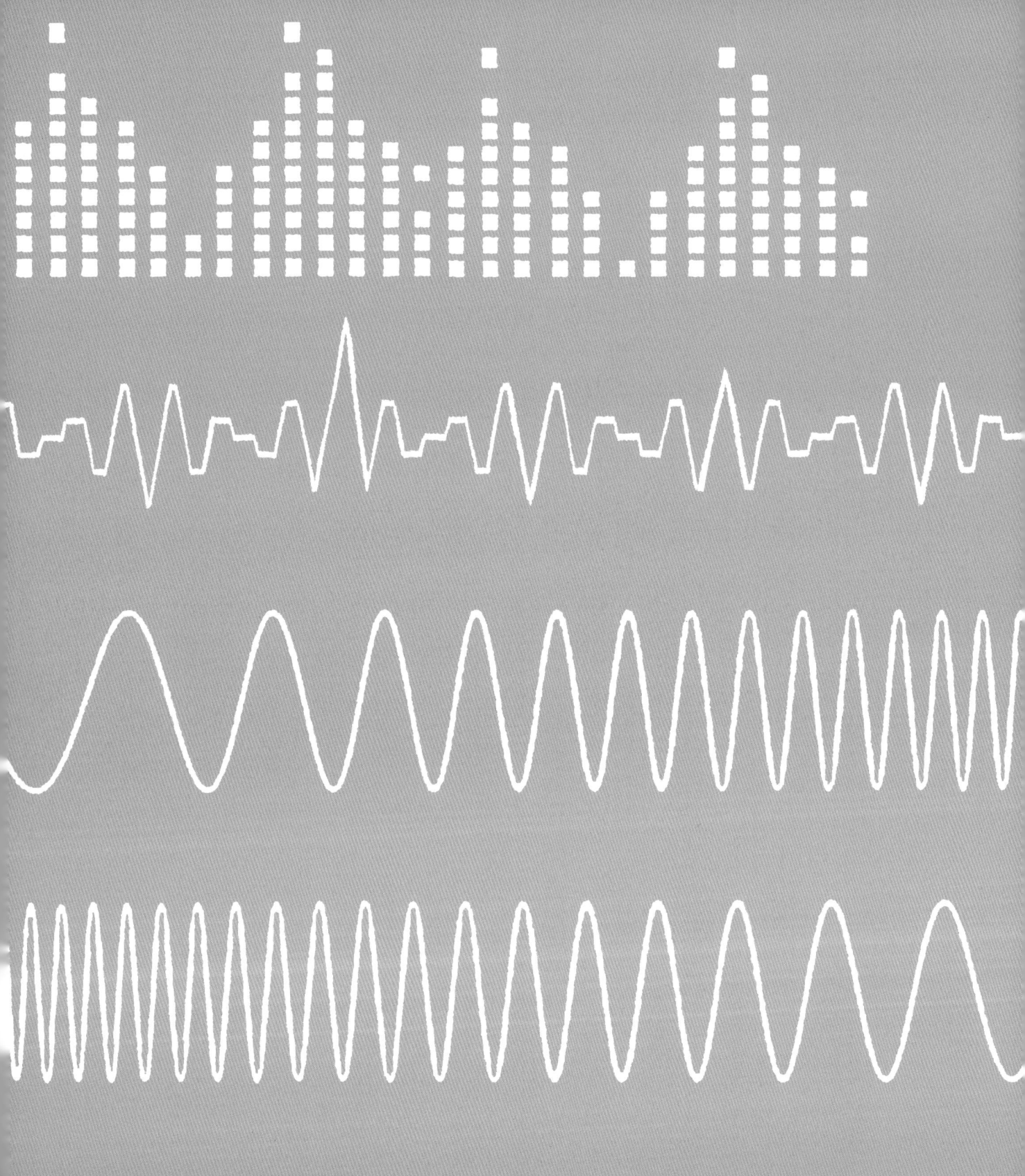

소리와 이미지

소리란 무엇인가요?

공기의 진동이야.

쌀알

소리의 파동은 공기를 진동시켜요. 북도 마찬가지예요. 북을 치면 쌀알이 튀어요.

안녕?

목이나 코 양옆에 손을 대고 소리를 내 봐요. 목과 코가 울리는 걸 느낄 수 있어요.

탁자에서 시계 소리가 들려.

똑딱 똑딱

소리는 공기뿐 아니라 나무, 금속, 그리고 물속에서도 전달돼요.

이렇게 자를 튕기면 낮은 소리가 나.

부이이요요옹!

이렇게 하면 날카로운 소리가 나.

삐이이요요옹!

자가 탁자에서 더 많이 나올수록 낮은 소리가 나요. 자를 움직이면서 소리의 높낮이가 어떻게 달라지는지 보세요.

파도 소리가 들려.

소라 껍데기는 귀 주위 혈관에서 피가 흐르는 소리를 증폭시켜요.

))) 안녕?
))) 안녕?
안녕?

빈방에서는 벽이 소리를 반사해요. 그게 메아리예요.

한 번 해 볼까요?

낮은 소리와 높은 소리를 구분해 봐요.

① 소 울음소리

② 호루라기 소리

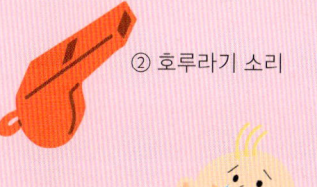
③ 아기 울음소리

④ 고양이 울음소리

⑤ 새소리

⑥ 자동차 엔진 소리

⑦ 남자 어른 목소리

⑧ 심벌즈 소리

정답 ▶ 낮은 소리: ①, ③, ⑥, ⑦
높은 소리: ②, ④, ⑤, ⑧

전화기는 어떻게 만들어요?

떠먹는 요구르트 용기로 만들자!

실 4m
빈 요구르트 용기 2개
못 1개

1. 빈 요구르트 용기 안쪽에 못으로 구멍을 내요.

2. 구멍으로 실을 통과시키고 끝부분에 매듭을 지어요.

3. 요구르트 용기를 하나 들어서 귀에 대요.

4. 실이 팽팽하게 당겨질 때까지 걸어가서 귀에 대요.

전화기가 만들어진 순서대로 나열해 봐요.

①

잘 들려?

5. 요구르트 용기에 대고 작은 소리로 말해요.

소리가 아주 잘 들려요.

②

③

6. 소리의 울림이 실에 전달되고 요구르트 용기에서 증폭된 거예요.

여보세요? 누구세요?

④

정답 ▶ ③ → ① → ④ → ②

2 균형을 잡는 데도 도움을 줘요. 눈을 감고 다리 하나를 들고 서 있어 봐요. 균형을 잡기 아주 어려울 거예요.

3 눈에 있는 망막은 빛의 명암과 빨간색, 초록색, 파란색에 반응하는 센서 같아요.

4 빛이 동공으로 들어오면 망막에 거꾸로 된 상이 만들어져요.

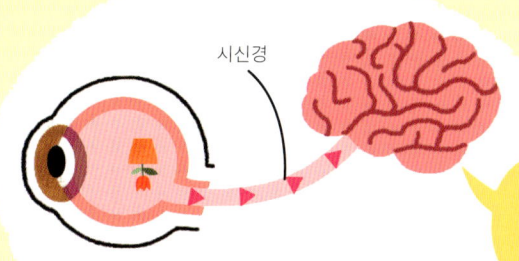

5 시신경이 그 상을 뇌에 전달해요. 뇌는 거꾸로 된 상을 똑바로 돌려요.

6 밤에는 색에 민감한 기능이 활동하지 않아요. 그래서 모든 게 흑백으로 보여요.

한번 해 볼까요?

무엇이 보이나요?

▶ 정답: 숫자 7. 색약은 빨간색과 초록색, 초록색과 갈색 등이 유사해 보여요. 그래서 숫자가 잘 안 보여요.

눈은 우리를 속이나요?

1. 어떤 선이 가장 짧아 보이나요?

정답 ▶ 화살표 두 개의 가로선은 길이가 다 똑같아요.

2. 무엇이 보이나요?

정답 ▶ 검은 부분을 보면 꽃병 모양이고, 하얀 부분을 보면 마주 보는 두 사람의 옆얼굴이에요.

3. 막대기가 몇 개인가요?

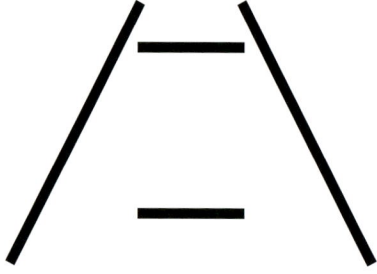
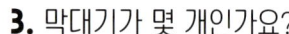
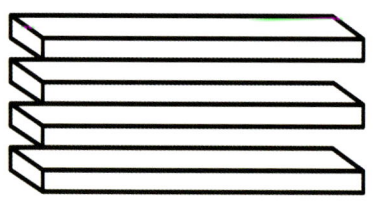

정답 ▶ 그림이 어디에서 보면 4개고, 오른쪽을 보면 3개로 보여요.

4. 어떤 주황색 원이 더 큰가요?

▶ **정답** 두 주황색 원의 크기는 똑같아요.
둘레의 원이 때문에 크기 달라 보이는 것예요.

5. 그림의 가운데가 움직이나요?

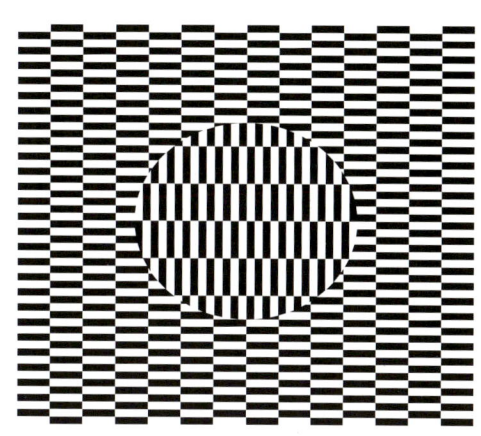

▶ **정답** 그림은 전혀 움직이지 않아요.
눈에 무늬가 어리어릉 움직이는 듯한 느낌을 주는 거예요.
가운데 있는 원의 눈이 피로하기 때문이에요.

6. 초록색 앵무새를 15초 동안 보세요.
그다음 새장을 보면 무엇이 보이나요?

 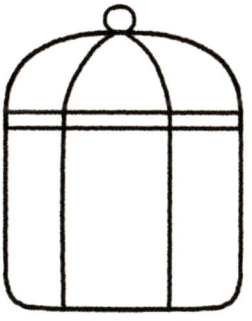

▶ **정답** 빨간색 앵무새가 보여요. 초록색에 반응한 눈의 시신경이 피로해져서 붉은색을 내는 시신경이 대신 반응하기 때문이에요.

그럼 눈이 아니라 뇌가 우리를 속이는 거네!

이런 현상을 착시라고 할까, 암시라고 할까?